AF265686

MOSCOU
PENDANT L'INCENDIE

JOURNAL
DU CURÉ DE SAINT-LOUIS DES FRANÇAIS

(1ᵉʳ SEPTEMBRE — 10 OCTOBRE 1812

PAR

L'ABBÉ A. LE REBOURS
CURÉ DE LA MADELEINE

EXTRAIT DU *CORRESPONDANT*

PARIS

DE SOYE ET FILS, IMPRIMEURS
18, RUE DES FOSSÉS-SAINT-JACQUES, 18
—
1891

MOSCOU

PENDANT L'INCENDIE

MOSCOU

PENDANT L'INCENDIE

JOURNAL

DU CURÉ DE SAINT-LOUIS DES FRANÇAIS

(1er SEPTEMBRE — 10 OCTOBRE 1812)

PAR

L'ABBÉ A. LE REBOURS

CURÉ DE LA MADELEINE

EXTRAIT DU *CORRESPONDANT*

PARIS

DE SOYE ET FILS, IMPRIMEURS
18, RUE DES FOSSÉS-SAINT-JACQUES, 18

1891

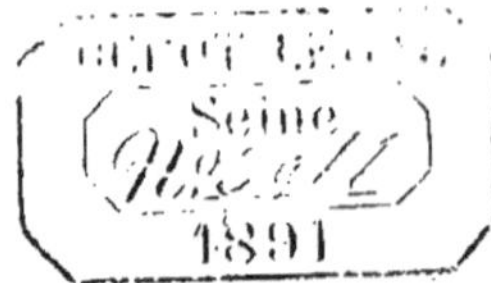

MOSCOU

PENDANT L'INCENDIE

JOURNAL DU CURÉ DE SAINT-LOUIS DES FRANÇAIS

1er SEPTEMBRE — 10 OCTOBRE 1812

La tempête qui, dans sa fureur, semble destinée à tout briser et anéantir, ne fait pourtant pas que des ruines; elle a sa mission providentielle; les vents déchaînés enlèvent sans doute aux arbres leurs rameaux, aux champs leurs tiges chargées de graines fécondes; mais ce n'est pas pour tout détruire. — Messagers inconscients, ils portent avec eux des semences qui feront germer, en des pays lointains, des plantes inconnues, aux fruits abondants et savoureux.

Quelque chose de semblable, mais dans un ordre plus élevé, advint à la fin du siècle dernier. La tourmente révolutionnaire amoncela dans notre pays bien des ruines; l'Eglise se vit arracher bien des rameaux puissants, les ordres religieux, les antiques institutions chrétiennes, qui faisaient sa gloire; elle vit périr cette moisson abondante de vertu et de sainteté qui germait dans les âmes fidèles; mais le vent de la persécution, en chassant hors de notre pays ses prêtres, ses religieux, ses âmes d'élite, porta au loin des semences de foi et de vie dans des contrées qui semblaient jusque-là stériles.

Ainsi la France, aimée sans repentance, était encore, même en ses erreurs, l'instrument des œuvres de Dieu : *Gesta Dei per Francos.*

On sait quelle influence eurent en Amérique les prêtres français émigrés : ils y créèrent ce mouvement catholique dont le merveilleux et puissant épanouissement était raconté naguère dans ce recueil par un témoin oculaire, observateur aussi sûr qu'écrivain consciencieux et brillant.

L'Angleterre, qui donna une hospitalité si généreuse et si persévérante au clergé français réfugié sur sa libre terre, reçut de lui comme le principe et le premier élan de ce retour à la vérité, qui va s'accentuant tous les jours pour consoler les tristesses de l'Eglise.

Enfin, la Russie elle-même ne resta point étrangère à cette heureuse influence : ce furent des prêtres émigrés qui fondèrent et administrèrent longtemps la paroisse française de Moscou [1].

L'abbé Penne de Matignicourt, du diocèse de Châlons-sur-Marne, bénit, le dimanche de la Passion, 30 mars 1791, sous le titre et le patronage de saint Louis roi de France, la première chapelle française; l'organisation paroissiale avait été décidée dans une assemblée de la colonie, tenue le 5 août 1789 [2].

Les registres de la paroisse nous montrent que les prêtres catholiques français séculiers et réguliers étaient nombreux à Moscou vers la fin du siècle dernier; tous avaient dû fuir la persécution, et la plupart, pour vivre, étaient entrés comme précepteurs dans de grandes familles russes. Ils y trouvèrent, comme partout d'ailleurs en Russie, les égards et la sympathie que le malheur inspire aux cœurs généreux.

Le diocèse de Châlons-sur-Marne donna plus d'un curé à Moscou ; l'un d'eux, M. de Malherbe, prévôt, chanoine de la cathédrale et vicaire général du diocèse, a raconté lui-même son exode. Nous transcrivons ici une partie des notes trouvées dans son bréviaire, encore conservé à la bibliothèque du presbytère de Saint-Louis.

« Le 27 avril 1793, ayant été averti que le département de la Marne avait lancé un mandat d'arrêt contre moi, j'ai fui sur-le-champ, et je me suis rendu à Vitry, où Mme Deville, que je n'avais pas l'honneur de connaître, m'a tenu caché, au péril de sa vie, jusqu'au 15 novembre; rien n'égale les soins et les bontés dont elle m'a comblé, que la profonde vénération et la reconnaissance sans borne que je ne cesserai de lui porter.

« Ayant été averti par M. de Saligny que le comité de surveillance de Vitry soupçonnait qu'il y avait quelqu'un de caché chez Mme Deville, et qu'on devait y faire une visite, ne voulant pas exposer les jours de cette vertueuse et généreuse dame, je suis sorti de chez elle le 15 novembre 1793, à neuf heures du soir; je suis monté sur une charrette couverte de toile, et, conduit par la main de Dieu, j'ai

---

[1] Les détails qui suivent nous ont été communiqués, avec la plus grande bienveillance, par M. l'abbé Vivien, curé actuel de Moscou, et M. l'abbé de Cosnac, attaché pendant 22 ans à la paroisse.

[2] Les curés sont depuis lors élus à la majorité des voix par la communauté paroissiale convoquée par publications à la messe pendant trois dimanches consécutifs. L'élu est présenté à l'archevêque de Mohilew qui le confirme avec l'agrément du pouvoir impérial.

échappé à tous les dangers, et je suis arrivé à Namur le 26 novembre, à trois heures de l'après-midi; j'y ai été accueilli par Mgr l'évêque et par son chapitre, que j'ai trouvés gémissant sur les malheurs de la France et compatissant aux peines qu'éprouvaient les victimes de notre révolution. Après mon départ de Vitry-le-François, Mme Deville fut avertie qu'elle devait être arrêtée; elle se vit par là obligée de quitter précipitamment sa maison et la France, et elle est heureusement arrivée à Namur le 3 décembre; je me suis empressé de lui donner tous mes soins et de reconnaître, autant qu'il était en moi, combien j'étais pénétré des services qu'elle m'avait rendus, et, touché des dangers et des peines auxquels sa charité l'avait exposée, je lui ai promis de ne pas la quitter pendant son émigration; tous mes vœux sont d'en alléger les désagréments qui en sont inséparables.

« A la fin de février 1794, j'ai été à Liège, où Mgr l'évêque de Châlons m'est venu trouver; j'y ai resté trois semaines.

« L'affluence des émigrés qui sont dans cette ville est aussi inconcevable que leur existence; le prince-évêque est entièrement dévoué à leur cause; il ne cesse de les aider de sa bourse et de son crédit. Le zèle de M. l'abbé de Preston est infatigable, et tous les habitants, les carmagnols même, vont au-devant de ce qui peut adoucir leurs peines.

« Pour correspondre plus facilement avec les évêques qui sont à Bruxelles et pour être au courant des affaires du clergé de France, Mgr l'évêque de Châlons m'a déterminé à me fixer à Maëstricht. J'y suis arrivé, avec Mme Deville, le 3 mars 1794.

« On peut dire de tous les habitants de cette ville, même des protestants, ce que saint Paul disait des Macédoniens (2 *Cor.*, cap. VIII et seq.) : *Notum facimus vobis, fratres, gratiam Dei quæ data est in ecclesiis Macedoniæ quod in multo experimento tribulationis, abundantia ipsorum fuit et altissima paupertas eorum abundavit in divitias simplicitatis eorum quia secundum virtutem (testimonium illis reddo) et supra virtutem voluntarii fuerunt.*

« L'approche des Français nous a fait quitter Maëstricht; nous en sommes partis le 8 de juillet 1794, avec 15 prêtres du diocèse; nous sommes arrivés le 10 à Cologne. Je m'y suis donné bien des peines infructueuses pour procurer quelque soulagement aux indigents. Le seul M. Auth, curé de Saint-Martin, s'est montré compatissant aux malheureux.

« Le 27 septembre 1794, je suis sorti de Cologne, ayant le cœur navré.

« Le 6 octobre 1794, nous sommes arrivés à Ratisbonne; les déplacements avaient presque entièrement absorbé nos facultés, et il ne nous restait que 11 louis; mais, avant que de les avoir entièrement dépensés, je fis la connaissance de Mme la comtesse Pierre de Razoumawski, Russe; elle mit autant de délicatesse que de générosité à notre égard; elle-même nous donna 5 louis par mois, jusqu'au moment de son départ, qui arriva au mois d'avril 1795. Elle eut assez de bonté pour s'assurer de notre existence par le moyen de ses amis, M. le comte de Gortz, ministre de S. M. le roi de Prusse à la diète de l'Empire, de madame son épouse, qui, conjointement avec la baronne de Diede, femme du ministre de Danemark, nous assurèrent 1200 livres par an. Ces dames ont fait, avec leurs amis, plusieurs tentatives pour me procurer un canonicat, et une place fixe et honorable à Mme Deville, qui est partie de Ratisbonne le 14 juin 1796, pour aller chez un très grand seigneur de Pologne. »

Après bien des aventures et des pérégrinations où nous ne pouvons pas le suivre, M. de Malherbe se fixa à Moscou en 1809, et, en octobre de cette année, il demanda le pouvoir de célébrer la messe; il fut nommé curé de Saint-Louis le 18 septembre 1813.

Son prédécesseur, M. l'abbé Adrien Surugue, d'abord précepteur chez M. le comte Moussine Pouchkine, fut curé de Saint-Louis de 1806 à 1813 ; il était donc à Moscou pendant l'incendie et le séjour des Français. Son journal, que l'on va lire, a été écrit par lui-même dans le registre de la paroisse, où nous avons eu la bonne fortune de pouvoir le copier [1].

Ad perpetuam rei memoriam.

SÉJOUR DES FRANÇAIS A MOSCOU

La marche de l'armée française, depuis son entrée sur le territoire de Russie, la prise de Smolensk, et les journées sanglantes du 24 et du 26 septembre, après lesquelles les troupes russes se replièrent sur Moscou, semblaient mettre à découvert le système de défense adopté par le gouvernement russe. On ne pouvait opposer à un ennemi aussi supérieur par sa tactique et le nombre de ses troupes qu'une mesure militaire seule capable de l'arrêter dans sa marche. C'était de changer sa route sans discontinuer, et de le combattre par la famine et par les rigueurs d'un climat inconnu. Ce fut par une suite de cette politique qu'on livra à la flamme et au

---

[1] Il a paru en 1871, chez Olivier, libraire à Bruxelles, une brochure intitulée : *Relation du séjour des Français à Moscou,* par Gadarnet (pseudonyme). Le récit de M. l'abbé Surugue ne s'y trouve pas.

pillage tout ce qui se trouva sur son passage, et qu'on laissa les Français s'enfoncer dans l'intérieur d'un pays ennemi et de déserts couverts de cendres, dans l'espoir de les vaincre en leur coupant la retraite.

Le 1er septembre (vieux style), l'armée russe, par convention, s'était retirée brusquement sur la route de Vladimir, en traversant la ville de Moscou dans la nuit du 1er au 2 septembre.

Le 2, à 6 heures du matin, le gouverneur général de Moscou, S. E. M. le comte Théodore Vassilievitch de Rostopchin avait rassemblé toute la police de la ville et tous les employés subalternes dans sa maison située dans la Loubianka. Les prisons ayant été ouvertes par son ordre, deux détenus seuls sont réservés pour comparaître devant lui; le sieur Véréachchaghin, fils d'un marchand russe qui avait été convaincu d'avoir traduit une proclamation de Napoléon qui annonçait son arrivée très prochaine à Moscou, et un Français nommé Mouton, accusé d'avoir tenu des propos indiscrets et contraires aux intérêts de l'État. Le gouverneur général, après avoir tout disposé pour le départ, fait avancer le premier de ces malheureux au milieu des dragons de la police : « Russe indigne de ton pays, lui dit-il, tu as osé trahir ta patrie et déshonorer ta famille. Ton crime est au-dessus des punitions ordinaires, le knout et la Sibérie. Je te livre à toute la vengeance du peuple que tu as trahi. Frappez le traître, qu'il expire sous vos coups! » Le malheureux expire, percé d'une grêle de coups de sabre et baïonnettes. On lui lie les pieds avec une longue corde, et son cadavre sanglant est traîné par toutes les rues au milieu des outrages de la populace. Ensuite le sieur Mouton est appelé : « Pour vous, qui êtes Français, lui dit le général gouverneur, gardez-vous bien de tenir jamais aucun propos contraire aux intérêts d'un pays qui vous a accueilli avec bienveillance. » Celui-ci voulant se justifier, le gouverneur général lui impose silence en ajoutant : « Retirez-vous, je vous pardonne, mais lorsque vos brigands de compatriotes seront arrivés, racontez-leur comment nous punissons les traîtres à la patrie. » En même temps il donne l'ordre pour le départ, et s'avance lui-même escorté de toute la police et de tous les employés subalternes, en prenant la route de Vladimir.

Vers les dix heures du matin, la ville de Moscou, qui semblait presque entièrement déserte, offrait l'aspect d'une vaste solitude. Au bruit de la marche tumultueuse de l'armée avait succédé un silence mêlé d'horreur qui devait être le triste avant-coureur de quelque grande calamité. Aussitôt, on débite de toute part que l'arsenal est ouvert, que les armes sont au pillage, que les échappés des prisons y accourent pêle-mêle avec la populace pour s'armer.

Les portes et les caves des cabarets avaient été enfoncées dès la veille, et l'eau-de-vie ruisselait encore dans toutes les rues. De quel sentiment de terreur furent frappés les étrangers et les citoyens paisibles qui étaient restés, en pensant à ce qu'ils avaient à craindre dans une ville sans police, sans autorités quelconques, abandonnée à toute la malveillance de gens pervers et malintentionnés. Chacun, renfermé sévèrement dans sa maison mesurait avec une impatience mêlée d'effroi l'intervalle qui devait s'écouler entre le départ d'une armée et l'arrivée de l'autre.

Enfin, environ vers les cinq heures du soir, le son des trompettes se fait entendre; l'avant-garde des troupes françaises s'avance. Le roi de Naples s'établit au delà de la Yaousa, dans la maison de M. Batachoff; le reste des troupes se répand successivement dans les différents quartiers; et vers le soir une compagnie des grenadiers de la nouvelle garde impériale, postée au pont des Maréchaux, détache cinq hommes pour servir de sauvegarde à l'église de Saint-Louis. L'empereur Napoléon, ne voyant arriver au-devant de lui aucune députation, aucune des autorités constituées, passe la première nuit près de la barrière de Smolensko.

Mais déjà commençait à s'exécuter un projet enfanté dans l'enthousiasme du patriotisme, celui de sacrifier la ville de Moscou au salut de l'Empire, et de préparer un bûcher à l'armée française, en incendiant cette immense cité. Depuis plusieurs semaines on avait établi à Vorontzovo, maison de campagne de M. le prince de Repnin, située à six verstes de la ville, une espèce d'arsenal où se fabriquaient des pièces de feux artificiels, des fusées à la congrève, et d'autres instruments destinés à l'exécution du grand projet. Pour dissiper ou prévenir les inquiétudes et soupçons du peuple, un bulletin du gouverneur général avait annoncé d'avance qu'on préparait un gros ballon aérostatique, au moyen duquel on était assuré de détruire toute l'armée ennemie. Quelques jours avant l'arrivée des Français on avait fait l'essai de ces pièces d'artifices; on ne parlait que d'incendies, les uns avec un air de mystère, les autres plus ouvertement : l'empressement des habitants les plus distingués à s'éloigner de la ville annonçait quelque projet sinistre. Le jour même de l'évacuation de Moscou par les Russes, un globe de feu qui avait éclaté dans le quartier de la Yaousa semblait donner l'éveil aux habitants; une maison avait été la proie des flammes, tandis que d'un autre côté, près du pont de Pierre, le grand magasin d'eau-de-vie appartenant à la Couronne était en feu, et qu'on se voyait forcé de sacrifier une partie de ce dépôt pour conserver le reste. Mais le même jour, vers les onze heures du soir, le feu s'étant manifesté avec la plus grande violence dans les boutiques situées près de la Bourse, ces magasins qui étaient remplis d'huile, de suif et d'autres matières combustibles devinrent un foyer inextinguible. On demande les pompes de la ville, on n'en trouve nulle part : le bruit se répand que la police les a fait emporter, ainsi que tous les instruments destinés à remédier aux incendies. On cherche à éteindre le feu d'un côté, il éclate de l'autre avec plus de violence.

Le mardi 3, un vent du nord-ouest s'élève ; l'incendie se propage, et toutes les boutiques sont en feu. Napoléon était venu dès le matin s'établir au palais du Kremel ; il n'avait pas été peu frappé de voir au-dessus de lui un incendie aussi considérable, et il avait donné des ordres pour éteindre le feu. Mais quelle dut être sa surprise lorsqu'on lui rapporta que le feu se manifestait dans plusieurs endroits à la fois ; qu'on débitait hautement que le projet avait été formé de livrer la ville aux flammes, et de ne laisser aux Français pour conquêtes que des monceaux de cendres. Napoléon ne put croire d'abord à un parti aussi extrême ; mais le nombre des incendiaires pris sur le fait, leurs dépositions recueillies avec soin, et leurs aveux uniformes, ne laissant plus aucun doute à cet égard, on condamna plusieurs d'entre eux à être fusillés : c'étaient, dit-on, pour la plupart des employés de la police, des cosaques déguisés, des soldats soi-disant blessés, et des personnes attachées aux écoles de théologie, qui regardaient cette œuvre comme méritoire devant Dieu.

Cependant la populace brisait avec violence les portes et enfonçait les caves des boutiques menacées du feu. Le sucre, le café, le thé furent bientôt au pillage ; puis les cuirs, les bottes, les objets de quincaillerie, ensuite les pelleteries, les étoffes, et enfin tous les objets de luxe. Le soldat, qui d'abord n'avait été que tranquille spectateur, devint bientôt partie active. Les magasins de farine furent pillés ; le vin et l'eau-de-vie inondaient toutes les caves ; en un mot la ville fut en proie à un fléau plus terrible que le feu. En effet le projet d'incendier la ville une fois bien constaté comme une mesure de guerre employée par le gouvernement russe, le pillage devenait comme une représaille inévitable de la part d'un ennemi qui se voyait frustré de l'espoir dont on l'avait flatté. Eh ! quel dédommagement offrir à des troupes exténuées par trois mois de fatigues et de combats, éprouvées par des privations de tous genres, et assurées par des promesses solennelles de trouver à Moscou la fin de leurs souffrances, le remède à leurs maux, la ressource universelle à tous leurs besoins ? Mais aussi que n'avait-on pas à craindre d'une arme aussi terrible entre les mains d'un soldat furieux et avide de vengeance ? Il n'y eut aucune distinction

entre le Français et le Russe, l'étranger et le compatriote, tout fut
dépouillé de la manière la plus indigne; ceux que le feu avait épar-
gnés ne purent échapper au pillage; et le brigandage fut porté à
un tel excès que plus d'un individu regretta de n'avoir pas été
enseveli avec tout ce qu'il possédait sous les cendres de sa maison.

L'incendie de la ville continuait ses ravages; la Tverskaia était
en feu et avait commencé à embraser La Nikitkaia; une partie de
la Pakrovska était pareillement en proie aux flammes, lorsqu'un
vent qui s'éleva du nord-ouest accéléra d'une manière prodigieuse
les progrès du feu. En effet, le mercredi 4 au matin, il n'y avait
plus dans toute l'enceinte des boutiques que les maisons des
libraires et autres contiguës à l'*Ouprava Blagotchénié* qui eussent
échappé aux flammes; tout le reste était consumé. Une fusée fut
même jetée sur un des bâtiments du Kremel, dans la vue sans doute
d'incendier cette enceinte; mais le feu fut étouffé aussitôt par
l'activité de la garde impériale. Alors Napoléon, qui se voyait
entouré de feu de toutes parts, pénétrant le dessein des incendiaires,
crut devoir prudemment abandonner le Kremel pour se retirer au
palais Petrowsky.

Vers les 4 heures du soir le vent changea et souffla du sud-ouest
avec toute la violence d'un ouragan : le feu qui avait été mis à
quelques maisons au delà de la Yaousa et de la Moskoreka, étant
alimenté par le vent, se développa avec une telle activité qu'on
croyait voir un volcan immense dont le cratère embrasé vomissait
des torrents de flamme et de fumée; c'était un déluge de feu qui
consuma en moins de quelques heures tous les quartiers au delà
de ces deux rivières, toute la Salianka, tandis que d'un autre côté
la Makavoia, la Preschistinka, l'Arbate offraient le même spectacle.
Il faut en avoir été témoin pour s'en faire une idée. On ne rencontrait
partout que des malheureux chargés des tristes débris qu'ils avaient
arrachés aux flammes, poussant des cris lamentables, et qui ne
semblaient avoir échappé au feu que pour tomber entre les mains
des brigands qui les dépouillaient sans pitié. Un grand nombre de
ces infortunés se rendit au camp de l'empereur, à Petrowsky, pour
implorer sa bienveillance. Napoléon parut s'attendrir sur leur sort
et leur promit de s'occuper des moyens d'y remédier. Plus de quatre
cents d'entre eux furent recueillis avec autant de zèle que de générosité dans la maison de Spasnoï-Dvortzé, à la Porte-Rouge, et y
trouvèrent non seulement un asile assuré, mais encore des soins
et des subsistances. Le jeudi 5, le vent qui était directement à
l'ouest continuant à souffler avec la même impétuosité que la veille,
porta des nuages de feu de la Strétinka sur toutes les Mechansky
et la Trouba, enveloppa successivement dans le même tourbillon

une partie de la Mesniska, la Porte-Rouge, le Marché au bois, la vieille et la nouvelle Bassmann, enfin la Slobode allemande tout entière. Une mer de feu inondait tous ces quartiers de la ville. Les ondulations de la flamme agitée par le vent imitaient parfaitement celles des vagues soulevées dans une tempête. Les infortunés habitants de la Slobode, poursuivis de place en place par les flammes, furent obligés de se réfugier dans les cimetières situés au delà de l'hôpital militaire, où ils ne se croyaient pas même en sûreté. En voyant ces malheureux, la pâleur et le désespoir peints sur leurs visages, au milieu des tombeaux éclairés par le reflet des flammes, on croyait voir autant de spectres sortir de leurs sépulcres. Plusieurs furent recueillis avec humanité par le roi de Naples, qui s'était établi à l'hôtel du comte Alexis Rasoumousky : il leur fit distribuer quelques secours, mais bien insuffisants pour tant de monde. Pendant ce temps, le feu embrasait la partie basse de la Petrowska, et consumait toutes les boutiques adjacentes au bas du pont des Maréchaux. La flamme poussée par le vent menaçait de franchir tout l'espace du pont, et de dévorer toutes les boutiques qui sont au delà, en remontant vers la Loubianka : déjà les habitants de ce quartier, chacun le paquet sur le dos, semblaient préparés à ce dernier sacrifice, lorsque la compagnie des fusiliers de la nouvelle garde impériale, s'étant munie de seaux, arrosa avec tant d'activité les toits des maisons les plus exposées qu'ils prévinrent les atteintes du feu, jusqu'à ce que la flamme s'étant abattue par la chute des toits embrasés, le vent eut moins de prise pour communiquer le feu. Ce fut le salut de tout ce quartier qui est resté le seul intact de la ville, et qui est compris dans une courbe tirée depuis la naissance du pont des Maréchaux, en montant par la Royestinka, puis tirant à droite le long du boulevard de la Mesinska, jusqu'à la Pakrowska, le long du boulevard de la Maracéka, qui se termine au bas du pont des Maréchaux. L'église Saint-Louis, qu'une étincelle eût suffi pour dévorer, fut préservée par une protection miraculeuse de la Providence. Vers les trois heures du matin le ciel se couvrit de nuages, et la pluie abondante qui tomba le reste de la nuit ayant calmé le vent, l'activité du feu se ralentit. Il n'échappa à cette tempête que trois maisons dans la nouvelle Bassmann, la plus grande partie du Goro Kovoïpolié, et la rue Dimidova qui conduit au Jardin d'Été.

Le vendredi 6, la pluie qui continua à tomber ayant abattu le vent, l'incendie parut éteint : néanmoins le soir le feu se manifesta encore dans quelques endroits, mais avec moins de violence. — Le samedi 7, Napoléon crut pouvoir rentrer avec plus de confiance dans le palais du Kremel. Vers le soir la flamme consuma encore quelques magasins de la porte de la Tverskaia. Les premiers soins de Napoléon furent donnés aux malheureux de toutes les classes : il ordonna qu'on nommât des syndics pour connaître tous ceux qui se trouvaient sans asile et sans subsistance; il fit ouvrir des maisons de refuge pour recevoir les incendiés et promit de leur faire distribuer des rations; comme la maison des Enfants-Trouvés avait échappé à l'incendie, il fit appeler le Directeur, M. le général Toutolmin, le fit rendre compte de l'état de la maison, lui demanda de vouloir bien en faire són rapport à Sa Majesté Impériale Madame l'Impératrice mère, qu'il se chargea d'expédier par une estafette (ce rapport est resté sans réponse). L'Empereur s'occupa ensuite du soin des hôpitaux, qui pour la plupart avaient été préservés de l'incendie. Mais quel fut son étonnement lorsqu'on lui rapporta que ces maisons se trouvaient presque toutes dans le plus grand dénuement des secours nécessaires, sans médecins, sans remèdes, sans surveillants; qu'on avait trouvé une quantité prodigieuse de morts; que sur plus de quinze mille blessés arrivés récemment de l'armée, la moitié avaient péri, les uns dans les flammes, d'autres faute de secours, que le reste luttait contre le besoin et la mort. On donna ordre aussitôt à tous les chirurgiens de l'armée française d'établir une administration de secours pour tous les genres de malades, en les distribuant dans des maisons convenables, et de faire des rapports exacts de ces malheureux. D'un autre côté, le maréchal Mortier, gouverneur général de la ville, et le général de division comte de Milhaud, commandant de la place, eurent ordre d'organiser une municipalité et une administration de police pour ramener le calme dans la ville et lui procurer des subsistances. Mais les lenteurs ordinaires qu'entraînent ces sortes d'opérations au milieu du tumulte des armes, et les entraves qu'éprouvent les administrations naissantes, rendirent leur service à peu près nul. Enfin, pour mieux dissimuler l'embarras dans lequel l'avait mis son imprudent engagement dans un pays ennemi, sans aucune ressource, Napoléon voulut persuader à ses soldats que son intention était de passer l'hiver à Moscou. Il fit rassembler tous les débris de la troupe française qui étaient restés pour en composer son théâtre impérial, et on convoqua tout ce qu'il y avait de musiciens pour donner des concerts.

Le dimanche 8, on commença à respirer, et le calme allait enfin succéder à l'orage. Mais quel calme! Dans la première semaine personne n'avait osé sortir de la maison sans être exposé à être dépouillé publiquement : les malheureux incendiés en avaient fait la triste expérience. La deuxième semaine du séjour des Français n'inspira pas plus de confiance. J'en appelle aux témoins oculaires qui, pour la plupart, furent autant de victimes. Durant l'incendie ce qui échappa à la première activité du feu ne devint plus la proie des flammes ; mais il n'en fut pas de même du pillage : ce qui avait échappé aux premières recherches de l'avidité du soldat devint encore l'objet de sa cupidité insatiable ; et les tristes lambeaux de la misère dérobés aux flammes devinrent encore un appât pour des hommes chargés des dépouilles de leurs frères. Les églises avaient été abandonnées par je ne sais quel esprit de politique ou d'aveuglement : pendant deux semaines le son d'aucune cloche ne s'était fait entendre dans une ville où les temples étaient si multipliés ; on ne rencontrait aucun pope, on ne voyait aucune trace de culte religieux ; le peuple, au milieu des horreurs de la calamité, n'avait pas même la consolation d'épancher son âme aux pieds des autels et d'implorer la seule ressource qui reste aux malheureux. Les sentinelles préposées à la garde d'Israël étaient cachées ou en fuite (A). Aussi que devait-il résulter de cet abandon? Les vases sacrés, les images, tous les objets consacrés par la piété des fidèles, furent ou enlevés ou traînés indignement dans les places publiques : on a vu des lieux saints transformés en boucheries, en corps de garde et en écuries. Le soldat ne se fit aucun scrupule d'employer aux usages les plus profanes des lieux qu'on avait cru pouvoir abandonner à sa discrétion ou livrer aux flammes. Enfin la sainteté inviolable des tombeaux fut violée. Jamais ville prise d'assaut ne fut témoin de pareils excès ; et l'officier français a avoué que, depuis la Révolution, jamais l'armée ne s'était rendue coupable d'un désordre aussi horrible. Il en a rejeté la faute sur les troupes étrangères et surtout sur les Polonais qui croyaient avoir des raisons particulières pour se venger. Toutes les rues étaient jonchées de cadavres humains étendus pêle-mêle avec ceux des chevaux et autres animaux qui avaient péri, dit-on, de besoin ou dans les flammes.

Note A. — On doit à la vérité d'ajouter que les autorités, loin de s'opposer à l'exercice du culte national, donnèrent des ordres pour découvrir les popes, et les ramener à leurs fonctions : on en trouva quelques-uns, mais ils se défendirent de célébrer sous divers prétextes. Quelques-uns avaient pour légitime motif l'incendie de leurs églises. On offrit aux autres tous les secours nécessaires pour l'exercice de leur ministère ; mais, soit crainte, soit motif politique secret, on n'en put déterminer que trois ou quatre au bout de trois semaines. Un seul s'offrit volontiers. C'était un étranger, aumônier du régiment des chevaliers-gardes, se trouvant par hasard à Moscou : il s'assura d'abord qu'on ne le forcerait à introduire dans sa liturgie le nom ni du pape, ni de Napoléon ; et il officia dans l'église d'Eupla Diacona ; et, comme c'était le jour anniversaire du sacre d'Alexandre Ier, on chanta le *Te Deum*, au milieu d'une assistance nombreuse et pleine de ferveur.

Cependant l'Empereur, qui d'abord n'avait toléré le pillage que pour dérober une proie aux flammes, ne put dissimuler ses regrets à la vue de la licence de ses troupes; il donna les ordres les plus sévères pour arrêter le pillage, et la peine de mort fut décrétée contre les réfractaires. Mais quelle digue pouvait-on opposer au torrent? Le crime fut puni, mais le brigandage ne put être réprimé. Plus d'une fois l'officier frappa de mort le soldat rebelle : il ne put rien obtenir. Les nouvelles autorités constituées, qui avaient ordre de rassurer les habitants des campagnes circonvoisines et de les engager à procurer des fourrages et des subsistances à la ville, échouèrent dans leurs tentatives; presque aucun paysan ne se hasarda impunément de transporter ses denrées à la ville; il se vit dépouillé en arrivant aux barrières; on lui enleva denrées, cheval et voiture; et il se crut trop heureux d'en être quitte à pareil prix. Ces évènements souvent réitérés ne laissaient aucun espoir d'approvisionner la ville. La disette était extrême, et le besoin le plus urgent rendait le soldat plus insolent envers les officiers. Les particuliers ne vivaient que de ce qu'ils obtenaient de l'humanité du militaire ou des services qu'ils rendaient. Les pommes de terre et les choux qu'on pouvait se procurer étaient la ressource la plus ordinaire. Les nouveaux magistrats étaient peu respectés, et les mesures qu'ils prenaient peu suivies, ce qui en détermina plusieurs à renoncer à un emploi qui paraissait inutile. On sentit, mais trop tard, la nécessité de préposer des gardes aux magasins de farine, de vin et d'eau-de-vie que l'on découvrait. Si, dès le principe, les autorités se fussent emparées de ces magasins, en établissant un certain ordre pour les subsistances, la ville eût été à l'abri du besoin pendant l'hiver entier : mais cette mesure n'ayant été employée qu'après le pillage, il dut en résulter une dilapidation monstrueuse, et la famine en était la suite nécessaire. D'un autre côté, la cavalerie manquait de fourrage, et cela seul était un principe de destruction pour l'armée française : les cavaliers étaient obligés de s'éloigner jusqu'à 30 ou 40 verstes aux environs de la ville pour se procurer des provisions : surpris par des partis de Cosaques répandus çà et là, la plupart du temps cavaliers et chevaux échouaient dans ces entreprises. Ces pertes réitérées devinrent plus sensibles à la fin. Napoléon feignit de vouloir cantonner sa cavalerie dans les maisons de campagne distantes à 15 ou 20 verstes de Moscou : mais toutes ces campagnes étaient épuisées ou brûlées. L'hiver s'annonçait par des temps pluvieux; l'insubordination du soldat inspira de justes craintes. On débita qu'on avait envoyé un parlementaire à l'armée russe; mais, ces tentatives ayant été apparemment sans succès, on dut se déterminer à abandonner Moscou [1]. On mit la plus grande activité à expédier des convois de blessés et de malades sur la route de Smolensko; on donna ordre de préparer une grande quantité de biscuits; les rations qui avaient été promises aux indigènes retirés dans les maisons de refuge n'ayant pu avoir lieu, vu l'extrême disette, l'Empereur fit mettre 50 000 roubles en cuivre à la disposition des syndics chargés du soin de ces malheureux : la répartition qui en fut faite assignait à chacun environ 90 roubles; mais la difficulté de transporter une monnaie aussi pesante ayant exigé des soins et des lenteurs incompatibles avec la précipitation du départ, cette distribution a été presque sans effet. Des chariots de ce cuivre furent détournés et enfouis dans des magasins secrets. Enfin le dimanche 6 octobre, à quatre heures du soir, on bat la générale, et les troupes ont ordre de se préparer au départ. Une heure après une partie des régiments se met en marche, et Napoléon (après avoir fait enlever la croix de la tour Ivan-Veliky, qu'il fit exposer en France comme un monument de sa conquête), quitte le Kremel; le lendemain le maréchal Mortier, duc de Trévise, transporte son domicile et sa chancellerie dans le palais du Kremel; tout ce qui reste de troupes, au nombre d'environ 5000 hommes, se concentre dans cette enceinte; on expédie à la hâte les derniers convois de malades. Le mardi 8, un parti de Cosaques pénètre par la Tverskaia, et veut percer jusqu'au Kremel; les Français se rassemblent et les forcent à se replier; quelques jours auparavant le palais de Petrowsky, que l'on croyait servir de retraite aux Cosaques, fut livré aux flammes; et bientôt après la maison de M. le comte Rostopchin, à Sakolniky, éprouva le même sort. Enfin le jeudi 10, le départ général est annoncé (B). Le soir, les troupes commencent à défiler vers les sept heures; à onze heures le Kremel et la ville étaient entièrement évacués. On s'attendait à quelque évènement sinistre la nuit même de ce départ : en effet, vers les deux heures du matin, une explosion épouvantable, suivie d'une

[1] M. le comte Daru tenait de son père que celui-ci, dans un conseil de guerre, avait déclaré qu'il y avait à son avis assez de provisions échappées aux flammes pour que l'on pût passer l'hiver à Moscou. Il fut seul de son avis. L'Empereur était avant tout préoccupé de ce qui pourrait se passer en Europe, lui absent.

Note B. — Deux officiers russes s'étaient avancés jusque dans la Tverskaia, en se signalant comme parlementaires. L'officier de poste les accompagna avec une escorte jusque chez le maréchal Mortier, qui leur déclara que, ne s'étant fait annoncer ni par un trompette, ni par un officier subalterne, selon les lois de la guerre, ils étaient prisonniers de droit, et qu'il allait les faire conduire au quartier général de l'Empereur. C'étaient MM. Ventzengavod, lieutenant général, et Léon Alexandrovitch de Narichkin, chef d'escadron de hussards.

commotion générale, se fait entendre. C'était l'arsenal du Kremel qui venait d'être enseveli sous ses ruines par l'effet d'une mine. En même temps le palais des tsars entre en feu et devient la proie des flammes. La première explosion en occasionna une autre telle, que toutes les vitres de la ville furent brisées : deux femmes en furent tuées, l'une par suffocation, l'autre par un accouchement prématuré. Trois autres explosions moins terribles détruisent la porte du Kremel, vis-à-vis la Mikolsky, et les tours extérieures du Kremel.

Les Français, en évacuant Moscou, abandonnèrent à la générosité de leurs ennemis plus de deux mille blessés français qui se trouvaient aux hôpitaux Galitzin et des Enfants-Trouvés. Ils furent déclarés prisonniers de guerre : une partie d'entre eux qui, s'étant enivrés, voulurent rejoindre l'armée, furent massacrés par les paysans.

Tel fut le sort de l'ancienne capitale de la Russie, la plus grande de l'Europe. Elle était, à proprement parler, la résidence commune de la noblesse russe; son commerce intérieur était immense, c'était le principal entrepôt des marchandises nationales; on comptait au nombre de ses établissements une université célèbre, des instituts nombreux pour l'éducation de la jeunesse de toutes les classes, beaucoup de monastères d'hommes et de femmes, d'hôpitaux ouverts à toutes les infirmités, plus de 300 églises aussi célèbres par leur ancienneté que par les richesses que la piété y avait consacrées. On comptait avant l'incendie environ 9300 maisons, plus de 800 hôtels de seigneurs, où l'art le disputait à la richesse. Aujourd'hui, ce qui a échappé aux flammes se réduit à peu près à un cinquième de la ville. Que de millions, que de richesses, que de chefs-d'œuvre, ensevelis sous des ruines et perdus pour les arts! sans parler du nombre des victimes et des trésors des bibliothèques. L'incendie de la ville était-il nécessaire pour obtenir le résultat qu'on se proposait? Question qui relève du tribunal impartial de la postérité. Nous nous contentons d'admirer le courage et le patriotisme d'un pays qui nous accueillit avec bienveillance, et qui a acquis sur nos cœurs des droits à jamais inaltérables.

Certifié conforme au registre paroissial de Saint-Louis des Français, rédigé par M. Surugue, curé de la paroisse.

Moscou.....

M. l'abbé Surugue survécut peu à ce désastre. Le 21 décembre de cette terrible année 1812, il s'était rendu au cimetière, sans doute pour l'enterrement d'un de ces nombreux soldats français laissés malades ou blessés, près desquels il représentait la patrie, et s'efforçait de la suppléer, adoucissant leurs souffrances par les consolations que la religion seule peut donner. Victime d'une méprise, surpris par un parti de Cosaques, maltraité, entièrement dépouillé, puis abandonné sur la neige, il ne put rentrer chez lui qu'à grand peine, et mourut peu de temps après, dans la soixante-huitième année de son âge [1]. Ses restes reposent dans le grand cimetière, à la porte de la ville; une pierre dressée avec une inscription marque sa place dans une enceinte généreusement concédée pour tous les prêtres catholiques français décédés à Moscou.

Quant à nos soldats, leurs nobles dépouilles restèrent trop longtemps sans honneur : deux tertres aux formes incertaines, couverts d'une herbe rare et négligée, les recouvraient, sans qu'un signe, sans qu'une pierre rappelât au passant leur mémoire; ils n'étaient plus guère connus que de l'Église, qui, elle, partout présente, se souvient partout de ses enfants; chaque année, le 30 juin, le clergé de Saint-

---

[1] Son acte mortuaire porte : L'an 1812, le 12 (vieux style) décembre, est décédé messire Adrien Surugue, très digne prêtre, docteur en théologie de la maison et société de Sorbonne, ancien principal du collège royal de Toulouse, chanoine de Pilten, au diocèse de Wilna, et curé de cette paroisse.

Seule dans toute la Russie, la paroisse française de Moscou, détachée, non sans bien des luttes, de la paroisse polonaise allemande, a un caractère essentiellement national. Quiconque parlait français avait, à l'origine, le droit d'en faire partie. Toutefois cette formule trop large occasionna de nombreuses difficultés. Aujourd'hui, elle se compose seulement des Français et des Belges de la ville. Ils forment ensemble une population d'environ 2000 âmes. Les biens de l'église sont administrés par un syndicat, sorte de conseil de fabrique, composé de quatre membres laïques, élus tous les quatre ans par le suffrage universel des paroissiens; le curé est président de droit. La paroisse a deux écoles primaires, une de garçons, comptant 70 élèves, dont 50 internes avec 3 maîtres; l'autre de filles, comptant 180 élèves, dont 120 internes avec 6 maîtresses de classe et 2 pour l'ouvroir. Des professeurs et des maîtresses de la ville viennent en outre y donner des leçons, aussi bien que dans un pensionnat ouvert en 1889 dans des bâtiments voisins de l'école; il compte environ 30 élèves, la moitié est interne. La colonie française, outre ses écoles, possède un asile où 45 vieillards sont recueillis dans 45 chambres. Il a été fondé par M. le comte de Quinsonas, qui s'était marié à Moscou en 1805; il lui donna le nom de Sainte-Darie, en souvenir de sa femme qu'il avait perdue. Par une disposition bizarre, les vieillards ont droit à la cuisson des aliments, mais à la cuisson seulement, chacun doit se procurer les aliments eux-mêmes. Enfin, depuis 1830, un comité de bienfaisance, exclusivement national, distribue des secours considérables aux familles françaises et belges, et aide au rapatriement; près de ce comité, une société de secours mutuels s'est organisée depuis une dizaine d'années; elle contribue puissamment à préserver de la misère nos concitoyens de la classe laborieuse. Tel est l'état actuel de la paroisse Saint-Louis des Français à Moscou.

Louis, venu processionnellement au cimetière, s'arrêtait pour prier et pour bénir ces restes que la patrie lointaine semblait oublier. Aujourd'hui, grâce à la colonie française de Moscou, la réparation tardive est faite. En 1889 un comité se forma, et une souscription fut ouverte pour élever un monument à ces fils de la France morts au loin pour elle. On a réuni tous leurs ossements dans une enceinte qu'entourent des chaînes reliant entre eux des canons dressés. Une sorte d'obélisque tronqué, en pierre, est posé sur un socle de granit poli; sur l'obélisque, on lit : « Militaires français morts en 1812. » Au-dessous, sur le socle : « Erigée par la colonie française, 1889. »

Des bouleaux pleureurs dressent tout autour, et sans ordre, leurs hautes tiges blanches comme la neige des hivers, et balancent au-dessus leurs fines branches pendantes, au délicat et rare feuillage, que le moindre souffle agite avec un bruit discret; tout est grave, mélancolique et solennel. La pensée se reporte aux jours anciens, à ces luttes héroïques, à cette gloire, à ces rêves d'une domination sans limites, ici, hélas! si cruellement évanouie, et la croix, qui domine tout le monument, rappelant à l'âme que le salut vient par la souffrance, permet d'espérer et dit, ce semble : « Qui meurt pour sa patrie sera bien reçu de Dieu. »